RÉPUBLIQUE FRANÇAISE

RÈGLEMENT & TARIF

DE L'OCTROI

DE LA COMMUNE

DE BOURGANEUF

(CREUSE)

1906

BOURGANEF, IMP. A. DUBOUEIX

DÉPARTEMENT
DE LA CREUSE

ARRONDISSEMENT
E BOURGANEUF

COMMUNE
DE BOURGANEUF

POPULATION

otale : 3.675 habitants

gglomérée : 2.711

Décret du 31 décembre 1901)

oumise à l'octroi : 2.538

RÉPUBLIQUE FRANÇAISE

RÈGLEMENT & TARIF
DE L'OCTROI
DE LA COMMUNE DE BOURGANEUF

Modifiés par délibérations du Conseil municipal de Bourganeuf, en date des 21 août, 11 et 26 novembre 1888 et 25 janvier 1889, par décision du Conseil d'État, en date du 29 décembre 1888, par délibérations du Conseil municipal en date des 23 octobre 1894, 13 juin et 7 novembre 1897, 27 février, 4 juin et 29 novembre 1905, et par décret rendu en Conseil d'État, le 30 décembre 1905.

CHAPITRE 1er

§ 1er. — De la perception

ARTICLE 1er

L'OCTROI municipal et de bienfaisance établi dans la commune de Bourganeuf, département de la Creuse, sera perçu conformément au tarif ci-annexé, et d'après les dispositions du présent Règlement.

La perception se fera sur tous les objets compris au tarif et sur tous les consommateurs sans aucune exception.

La surveillance immédiate de l'Octroi appartient au Maire, sous l'autorité de l'administration supérieure.

La surveillance générale sera exercée par la Régie des Contributions indirectes.

ARTICLE II

Le rayon de l'octroi comprendra tout le territoire circonscrit par une ligne tracée ainsi qu'il suit :

1° — Sur la route de Limoges, au-delà du Pont de Rigour ;

2° — Sur la route d'Eymoutiers, au-delà du ponceau du moulin de la Roche ;

3° — Sur la route de Bénévent, aux Gravades ;

4° — Sur la route de Guéret et d'Aubusson, à cent mètres de la maison Valade, aujourd'hui habitée par Mme Ve Reix ;

5° — Sur la route de Royère, à 50 mètres au-delà du Petit-Bois ;

6° — Sur le chemin de Bouzogles aux Planèzes, à 10 mètres du chemin qui conduit chez M. Mercier.

Des poteaux portant cette inscription : OCTROI DE BOURGANEUF sont placés sur tous les points des limites désignées plus haut.

ARTICLE III

Les déclarations et la recette des droits se feront aux bureaux ci-après désignés, savoir :

Le 1er à l'entrée de la ville, avenue Turgot ;

Le 2e à la sortie, en haut de la rue du Puy ;

Le 3e à la sortie de la rue de l'Arrier ;

Le 4e à proximité de l'ancienne et de la nouvelle route de Bénévent.

Il sera en outre établi un bureau central, qui devra être situé autant que possible au centre de la ville.

Ces bureaux seront indiqués par un tableau portant ces mots : BUREAU DE L'OCTROI. Ils seront ouverts tous les jours, de 6 heures du matin à 9 heures du soir, du 1er octobre au 31 Mars, et de 5 heures du matin à 10 heures du soir, du 1er avril au 30 septembre.

Les présents Tarif et Règlement seront affichés dans l'intérieur et à l'extérieur des dits bureaux.

§ 2. — Perception sur les objets venant de l'extérieur

ARTICLE IV

Tout porteur ou conducteur d'objets assujettis aux droits d'octroi sera tenu, avant de les déposer ou remiser à domicile, de les conduire directement au bureau pour en faire la déclaration ; de produire les congés, acquits-à-caution, passavants, ainsi que les lettres de voiture, connaissements, chartes-parties ou toutes expéditions qui les accompagnent et d'acquitter les droits si les objets sont destinés à la consommation du lieu, sous peine de la confiscation des dits objets et d'une amende de 100 à 200 francs.

Toute déclaration devra indiquer la nature, la quantité, le poids et le nombre des objets introduits.

ARTICLE V

Après la déclaration, les Préposés pourront faire toutes les recherches, visites et vérifications nécessaires pour en constater l'exactitude. Les conducteurs seront tenus de souffrir et même de faciliter toutes les opérations relatives aux dites vérifications.

Tout objet soumis à l'octroi qui nonobstant l'interpellation faite par les Préposés serait introduit sans avoir été déclaré, ou sur une déclaration fausse, sera saisi ; les voitures, chevaux et autres moyens de transport seront également saisis, à défaut, par les contrevenants, de consigner le maximum de l'amende prononcée par l'article précédent ou de fournir caution valable.

ARTICLE VI

Il est défendu aux employés, sous peine de destitution et de tous dommages-intérêts, de faire usage de la sonde dans la visite des malles, caisses et ballots annoncés contenir des étoffes, linges et autres objets susceptibles d'être endommagés.

Dans ce cas, comme dans tous ceux où le contenu des caisses et ballots serait inconnu et ne pourrait être vérifié immédiatement, la vérification en sera faite dans les emplacements à ce destinés et déterminés par l'autorité locale.

ARTICLE VII

L'introduction ou la tentative d'introduction dans le rayon de l'octroi, d'objets soumis aux droits, à l'aide d'ustensiles préparés ou de moyens disposés pour la fraude, donnera lieu à l'arrestation du porteur ou conducteur des dits objets ; cette arrestation pourra être opérée par les préposés de l'Octroi.

Article VIII

Lorsque, en vertu de l'article précédent, les Préposés auront arrêté et constitué prisonnier un fraudeur, ils seront tenus de le conduire sur-le-champ devant un officier de police judiciaire, ou de le remettre à la force armée, qui le conduira devant le juge compétent, lequel statuera de suite, par décision motivée, sur l'emprisonnement ou la mise en liberté du prévenu.

Néanmoins, celui-ci sera immédiatement mis en liberté s'il offre bonne et suffisante caution de se présenter en justice et d'acquitter l'amende encourue, ou s'il consigne la dite amende.

§ 3 — Perception sur les objets de l'intérieur

Article IX

Toute personne qui récolte, prépare ou fabrique, dans l'intérieur du rayon de l'octroi, des objets compris au tarif, est tenue, sous peine de confiscation des objets récoltés, préparés ou fabriqués, et d'une amende de 100 à 200 francs, d'en faire la déclaration et d'acquitter immédiatement le droit, si elle ne réclame la faculté de l'entrepôt.

Les Préposés de l'octroi reconnaîtront à domicile les quantités récoltées, préparées ou fabriquées et feront toutes les vérifications nécessaires pour prévenir la fraude.

Article X

Les bestiaux destinés à être abattus, seront, s'il y a lieu, marqués au feu au moment de leur introduction. Ceux qu'on introduira morts, ou qu'on abattra dans l'intérieur des limites, seront marqués au noir sur les extrémités des quartiers. On ne pourra, dans l'un ou l'autre cas, se servir d'autres marques que de celles déterminées par le Maire.

CHAPITRE II

§ 1er — Passe-debout, transit et entrepôt des objets soumis aux droits du Trésor

Article XI

Les formalités du passe-debout et du transit des boissons seront les mêmes pour l'octroi, que celles qui sont observées par la régie des Contributions indirectes.

L'entrepôt des boissons aura lieu, pour l'octroi, d'après les mêmes formalités, conditions, et pour les mêmes quantités que celles qui sont fixées à l'égard des droits du Trésor.

Les exercices chez les entrepositaires sont faits par les employés des Contributions indirectes en conformité de l'article 91 de l'ordonnance du 9 décembre 1814.

§ 2 — Du Passe-debout des objets non sujets aux droits du Trésor

Article XII

Le conducteur d'objets soumis à l'octroi, qui voudra seulement traverser la commune ou y séjourner moins de vingt-quatre heures, sera tenu de se munir d'un passe-debout.

Article XIII

Pour jouir de l'exemption résultant du passe-debout, les propriétaires, conducteurs ou porteurs d'objets portés au tarif, seront tenus de faire les déclarations prescrites par l'article 4 et indiquer en outre, le lieu du départ et celui de la destination.

Article XIV

Les droits seront consignés ou cautionnés. Ces droits seront rendus ou la caution déchargée lorsqu'il aura été justifié de la sortie des objets. Lorsque les conducteurs ne pourront cautionner ni consigner les droits, il leur sera accordé une escorte dont les frais seront à leur charge et sont réglés de la manière suivante :

Article XV

Toute substitution ou toute altération faite dans la nature ou l'espèce des objets en passe-debout ou en transit, pendant la durée du séjour, fera encourir au contrevenant une amende de 100 à 200 francs, et entraînera, en outre, la confiscation des objets représentés et le paiement d'une somme égale à la différence de leur valeur avec celle des objets reconnus a l'entrée, laquelle sera déterminée d'après le prix moyen dans le lieu sujet.

Article XVI

Les caisses et ballots accompagnés d'acquits-à-caution, et portant les plombs et marques des contributions indirectes ou des douanes, seront affranchis des visites et vérifications, si les plombs et marques sont reconnus sains et entiers, et dans le cas seulement où les objets resteront sous la surveillance des employés.

Article XVII

Dans le cas où, par force majeure ou par accident reconnu par les autorités locales, un conducteur sera retenu dans le rayon de l'octroi au-delà du délai fixé, le passe-debout sera, sur sa déclaration, converti en transit et les objets seront mis sous la surveillance des Préposés de l'octroi jusqu'à leur sortie. Les frais de loyer ou de garde, s'il y en a, seront à la charge des déclarants.

Article XVIII

En cas de changement de moyens de transport ayant pour effet de rendre plus difficile la vérification à la sortie des objets introduits sur passe-debout, les employés devront y être appelés.

_____

§ 3. — Du transit des objets non soumis aux droits du Trésor

Article XIX

Les déclarations et formalités prescrites pour les objets en passe-debout, excepté en ce qui concerne l'escorte, auront également lieu pour le transit. Les droits seront consignés ou cautionnés. Les objets admis en transit resteront sous la surveillance des préposés jusqu'au moment du départ.

Article XX

La durée du transit est fixée à trois jours. Nulle prolongation au-delà de ce terme ne peut avoir lieu que sur l'autorisation du maire, d'après l'avis du préposé principal de l'octroi, et dans le cas d'une nécessité dûment constatée.

Article XXI

Les droits seront restitués ou la caution déchargée au moment de la sortie. S'il n'était représenté qu'une portion des objets introduits, les droits seraient acquis sur la portion non représentée, à moins toutefois que la vente n'en eût été faite à un entrepositaire, et les objets pris en charge à son compte.

Article XXII

Les objets amenés aux foires et marchés sont assujettis à toutes les formalités du transit. Vingt-quatre heures après le délai fixé par l'article 20, ou après l'expiration des foires et marchés, les droits consignés seront définitivement acquis à l'octroi, s'il n'a pas été justifié de la sortie des objets. (1)

Article XXIII

Les voitures et transports militaires chargés d'objets assujettis aux droits sont soumis aux règles ci-dessus prescrites pour le transit et le passe-debout. (*Article 40 de l'ordonnance du 9 décembre 1814.*) Toutefois, dans le cas où l'emploi de ces formalités pourrait apporter un retard nuisible, les préposés se borneront à surveiller ou à escorter le convoi.

Article XXIV

Les diligences, fourgons, fiacres, cabriolets et autres voitures de louage sont soumis aux visites des préposés de l'octroi.

Il en est de même des voitures particulières suspendues ou non suspendues.

Article XXV

Les individus voyageant à pied ou à cheval ne pourront être arrêtés, questionnés ou visités sur leur personne, ni à raison de leurs effets.

Tout acte contraire à la présente disposition sera réputé acte de violence, et les préposés qui s'en rendront coupables seront poursuivis correctionnellement et punis des peines prononcées par les lois. Tout individu soupçonné de faire la fraude à la faveur de cette exception pourra être conduit devant un officier de police ou devant le Maire, pour y être interrogé, et la visite de ses effets autorisés, s'il y a lieu

Article XXVI

Les courriers ne pourront être arrêtés à leur passage, sous prétexte de la perception; mais ils seront tenus d'acquitter les droits sur les objets soumis à l'octroi qu'ils introduiraient pour être consommés dans la localité ; à cet effet, les préposés de l'octroi seront autorisés à assister au déchargement des malles.

§ 4. — Des bestiaux entretenus dans le rayon de l'octroi

Article XXVII

Les propriétaires des bestiaux entretenus dans le rayon de l'octroi devront faire leur déclaration au bureau. Il leur sera donné un permis de circulation indicatif du nombre, de l'espèce et du lieu de passage affecté à la sortie et à la rentrée de ces animaux. Ceux qui seraient introduits au-delà du nombre fixé par le permis et sans déclaration préalable, seront saisis.

---

(1) *Dans les communes où l'affluence des bestiaux à un marché ou à une foire est considérable et dans les communes encore où l'on se sert de bêtes à cornes pour attelage, on pourra se dispenser d'exiger la consignation ou le cautionnement des droits. Dans ce cas, le règlement doit indiquer les formalités et les dispositions nécessaires pour prévenir l'abus de cette exemption, afin que les préposés puissent avoir une connaissance exacte des bestiaux qui seraient vendus pour rester dans l'intérieur et de ceux qui en sortent pour toute autre destination.*

ARTICLE XXVIII

Les propriétaires des bestiaux dont il s'agit souffriront les visites et exercices des préposés de l'octroi dans leurs étables et bergeries. — Il sera fait inventaire de leurs bestiaux, lequel sera suivi de recensement aux époques déterminées par le Maire.

ARTICLE XXIX

Ils sont aussi tenus de déclarer d'avance le nombre et l'espèce des animaux qu'ils livreront aux bouchers et charcutiers, ceux qu'ils feront venir du dehors pour les remplacer, et ceux qu'ils abattront pour leur consommation personnelle.

Ils déclareront également toute diminution ou augmentation dans le nombre de leurs bestiaux, et pour quelque cause que ce soit.

ARTICLE XXX

Les bestiaux morts naturellement, ou exportés hors de la commune, ne sont passibles d'aucun droit. Il sera fait déclaration des premiers dans le jour de la mort et des seconds préalablement à leur exportation. Ces déclarations seront vérifiées par les préposés. A l'époque des recensements, les propriétaires sont tenus d'acquitter les droits, pour les bestiaux reconnus manquants à leur charge.

§ 5. — Entrepôt à domicile des objets non soumis aux droits du Trésor

ARTICLE XXXI

Les propriétaires et commerçants sont, en justifiant de leur qualité, admis à recevoir chez eux et dans leur magasin, à titre d'entrepôt et sans acquittement préalable des droits, les marchandises soumises à l'octroi.

Les admissions à la qualité d'entrepositaire seront prononcées par le Maire. Toutes les contestations qui s'élèveraient relativement à l'admission au bénéfice de l'entrepôt seront portées devant le maire, qui prononcera, sauf recours au préfet.

ARTICLE XXXII

Sont désignés ci-après les objets admis à l'entrepôt à domicile ainsi que les quantités au-dessous desquelles la faculté de l'entrepôt ne pourra être accordée, et le certificat de sortie délivré. L'entrepôt est accordé dans le rayon d'octroi fixé en l'art. 2 ci-dessus pour les objets dont suit le détail :

Bières, vinaigres, huiles comestibles et autres : 25 hectolitres. —Bœufs, taureaux, vaches, génisses et veaux : 2 têtes. — Porcs, moutons, brebis et agneaux : 10 têtes. — Viande salée ou lard : 100 kilogrammes. — Bois à brûler : 50 stères. — Charbon de terre : 5 000 kilogrammes. — Foins ou paille : 10.000 kil. — Bois de travail équarri ou en grume : 50 stères. — Ardoises : 10.000. — Briques et carreaux 4.000. — Tuiles, 6.000. — Plâtre : 10 000 kilogrammes.

La sortie ne pourra être moindre de :

50 litres de bière. — 100 litres de vinaigre. — 50 litres d'huile de toute espèce. 1 bœuf, 1 vache, 1 taureau, 1 génisse, 1 veau, 1 mouton, 1 agneau, 1 brebis, 1 porc. — 10 kilog. de viande salée ou lard. — 1 stère de bois à brûler. — 500 kilog. de charbon de terre. — 1.000 kilog. de foin et paille. — 5 décistères de bois de travail équarri ou en grume. — 1.000 ardoises, briques, tuiles et carreaux. — 1.000 kilog. de plâtre.

ARTICLE XXXIII

Le charbon, les bois, les alcools et chaux employés dans les établissements industriels, à la préparation de produits destinés au commerce général seront admis à l'entrepôt à domicile.

Pour jouir de cette faculté, le soumissionnaire devra faire entrer une première fois 50 stères de bois, 5.000 kilogr. de charbon, 25 litres d'alcool au moins et 10.000 kilogr. de chaux

Les arrivages subséquents pourront avoir lieu en toute quantité.

Décharge sera accordée aux entrepositaires de toutes les quantités de bois, de charbon et d'alcool employés dans leurs usines aux préparations ci-dessus indiquées, pourvu toutefois que l'emploi en ait été préalablement déclaré, et qu'il en ait été justifié aux préposés de l'octroi chargés de l'exercice des entrepôts.

A défaut des dites déclarations et justifications, le droit sera perçu sur les quantités manquantes.

(Décret du 12 février 1870)

Art. 8. — Les combustibles et les matières premières à employer dans les établissements industriels et dans les manufactures de l'Etat sont admis à l'entrepôt à domicile.

Toutefois l'entrepôt ne sera pas accordé pour les matières premières dans le cas où la somme à percevoir en raison des quantités pour lesquelles elles entrent dans un produit industriel n'atteindrait pas un quart pour cent de la valeur de ce produit.

Décharge sera accordée aux entrepositaires pour toutes les quantités de combustibles et de matières premières employées dans ces établissements, à la préparation ou la fabrication de produits qui ne sont frappés d'aucun droit par le tarif de l'octroi du lieu sujet, pourvu que l'emploi ait été préalablement déclaré et qu'il en ait été justifié aux préposés de l'octroi chargés de l'exercice des entrepôts ; à défaut de quoi le droit sera perçu sur les quantités manquantes.

Si le produit industriel à la préparation ou à la fabrication duquel sont employés les combustibles ou les matières premières est imposé au tarif de l'octroi, l'entrepositaire n'en obtiendra pas moins l'affranchissement pour le combustible et la matière première employés à la fabrication ; mais il paiera le droit dû par les produits industriels, pour ceux de ces produits qu'il ne justifiera pas avoir fait sortir du lieu sujet.

Art. 9. — Lorsque des droits d'octroi auront été acquittés à l'entrée pour des combustibles ou des matières premières qui, dans l'intérieur du lieu sujet, seront employés à la préparation ou à la fabrication d'un produit industriel livré à la consommation intérieure et imposable, s'il est régulièrement justifié de ce paiement, le montant des dits droits sera précompté sur celui des droits dus pour le produit fabriqué.

Toutefois, il n'y aura lieu à remboursement d'aucune portion des droits payés à l'entrée, dans le cas où ils se trouveraient excéder ceux qui sont dus pour le produit fabriqué lui-même.

Art. 10. — En aucun cas, les objets inscrits au tarif ne pourront être soumis à des taxes différentes à raison de ce qu'ils proviendraient de l'extérieur ou de ce qu'ils seraient récoltés ou fabriqués dans l'intérieur du lieu sujet.

L'article 14 de l'ordonnance du 9 décembre 1814 est abrogé.

Art. 11. — Ne seront soumis à aucun droit d'octroi : les approvisionnements en vivres destinés aux services de l'armée de terre ainsi que de la marine militaire ou marchande et qui ne doivent pas être consommés dans le lieu sujet ; les bois, fers, graisses, huiles, et généralement toutes matières employées pour la confection et l'entretien du matériel de l'armée de terre, dans les constructions navales ou pour la fabrication d'objets servant à la navigation ; les combustibles et toutes autres matières embarqués sur les bâtiments de l'Etat et du commerce pour être consommés ou employés en mer.

Ces approvisionnements et matières seront introduits dans les magasins de la guerre, de la marine impériale et de la marine marchande, de la manière prescrite pour les objets en entrepôt.

Le compte en sera suivi par les employés et préposés désignés à cet effet, et les droits d'octroi ne seront dus que sur les quantités enlevées pour l'intérieur du lieu sujet et pour toute autre destination que celle qui est spécifiée ci-dessus.

Art. 12. — Les charbons de terre, le coke et tous autres combustibles employés tant par l'administration de la guerre, pour la fabrication ou l'entretien du matériel de guerre et pour la confection d'objets destinés à être consommés hors du lieu sujet, que par la marine impériale et par la marine marchande, pour la confection d'objets destinés à la navigation, seront, comme ceux qui sont employés dans les établissements industriels pour la préparation ou la fabrication d'objets destinés au commerce général, affranchis, au moyen de l'entrepôt, du paiement de tous droits d'octroi.

Art. 13. — Les combustibles et matières destinés au service de l'exploitation des chemins de fer, aux travaux et ateliers et à la construction de la voie, seront affranchis de tous droits d'octroi.

En conséquence, les dispositions relatives à l'entrepôt à domicile des combustibles et matières premières employés dans les établissements industriels, à la préparation et à la fabrication des objets destinés au commerce général sont applicables aux fers, bois, charbon, coke, graisses, huiles, et en général à tous les matériaux employés dans les conditions ci-dessus indiquées.

En dehors de ces conditions, tous les objets portés au tarif qui seront consommés dans les gares, salles d'attente et bureaux, seront soumis aux taxes locales.

Art. 14. — L'abonnement annuel pourra être demandé pour les combustibles et matières admis à l'entrepôt, aux termes des articles 8, 11, 12 et 13.

Les conditions d'abonnement seront réglées de gré à gré entre le maire et le redevable.

Décret du 8 décembre 1882

Art. 1. — L'article 13 du décret du 12 février 1870 est complété ainsi qu'il suit :

Les combustibles et matières destinés au service de l'exploitation des chemins de fer, aux travaux des ateliers et à la construction de la voie seront affranchis de tous droits d'octroi.

En conséquence, les dispositions relatives à l'entrepôt à domicile des combustibles et matières premières employés dans les établissements industriels, à la préparation et à la fabrication des objets destinés au commerce général, sont applicables aux fers, bois, charbon, coke, graisses, huile, et, en général, à tous les matériaux employés dans les conditions ci-dessus indiquées.

En dehors de ces conditions, tous les objets portés au tarif, qui seront consommés dans les gares, salles d'attente et bureaux, seront soumis aux taxes locales.

Les dispositions qui précèdent sont applicables à la construction et à l'exploitation des lignes télégraphiques.

Décret du 19 juin 1888

Art. 1er. — L'art. 8 du 12 février 1870 est modifié ainsi qu'il suit :

Les combustibles et les matières premières à employer dans les établissements industriels et dans les manufactures de l'Etat sont admis à l'entrepôt à domicile.

Toutefois, l'entrepôt ne sera pas accordé pour les matières premières, dans le cas où la somme à percevoir, à raison des quantités pour lesquelles elles entrent dans un produit industriel, n'atteindrait pas un quart pour cent de la valeur de ce produit.

Décharge sera accordée aux entrepositaires pour toutes les quantités de combustibles et de matières premières employés dans ces établissements à la préparation ou à la fabrication de produits qui ne sont frappés d'aucun droit par le tarif de l'octroi du lieu sujet, pourvu que l'emploi ait été préalablement déclaré et qu'il en ait été justifié aux préposés de l'octroi chargés de l'exercice des entrepôts, à défaut de quoi, le droit sera perçu sur les quantités manquantes.

Si le produit industriel à la préparation ou à la fabrication duquel sont employés les combustibles ou les matières premières est imposé au tarif de l'octroi, l'entrepositaire n'en obtiendra pas moins l'affranchissement pour le combustible et la matière première employés à la fabrication ; mais il paiera le droit dû par les produits industriels pour ceux de ces produits qu'il ne justifiera pas avoir fait sortir du lieu sujet.

Décharge sera également accordée, dans les conditions spécifiées aux paragraphes précédents, aux combustibles employés dans l'exploitation des mines à la production de la force motrice, ainsi qu'aux bois, fers et matériaux de toutes sortes servant au revêtement et au soutènement des puits et galeries, pourvu toutefois, que la somme à percevoir, à raison des quantités pour lesquelles ces matériaux concourront à l'exploitation, atteigne un quart pour cent de la valeur du produit extrait.

Art. 2. — Tout règlement d'octroi qui ne contiendrait pas les dispositions de l'art. 8 ainsi modifié cessera d'avoir son effet à l'expiration de la durée fixée pour cet octroi.

ARTICLE XXXIV

Les entrepositaires seront tenus de fournir aux employés de l'octroi et mettre à leur disposition les hommes et les ustensiles nécessaires pour faciliter la reconnaissance et le mesurage des bois, charbons et alcools, restant en entrepôt, afin que ces préposés puissent établir le compte des droits dus sur les manquants reconnus et dont la sortie ou l'emploi n'aurait pas été justifié

ARTICLE XXXV

Si les entrepositaires refusaient de se conformer aux obligations qui leur sont imposées par l'article précédent, il serait procédé d'office, à leurs frais, aux vérifications dont il s'agit, et, outre la saisie et l'amende encourues pour le cas de fraude dûment constatée, ils seraient passibles des peines prévues par l'article 59 du présent règlement pour le fait d'empêchement aux exercices.

ARTICLE XXXVI

Indépendamment des obligations ci-dessus mentionnées et des autres conditions qui leur sont imposées par le règlement, les dits entrepositaires seront tenus de diviser leurs magasins en cases régulières, d'un cubage facile et d'une contenance déterminée.

ARTICLE XXXVII

Les conditions pour l'entrepôt sont : de faire une déclaration par écrit au bureau de l'octroi avant l'entrée des objets entreposés, pour ceux venant de l'extérieur, et avant le commencement de la récolte, de chaque préparation ou fabrication pour les objets produits à l'intérieur du rayon de l'octroi ; de permettre les visites et exercices des préposés ; de leur ouvrir, à toute réquisition, les caves, magasins et autres lieux de dépôt ; et de faire de la manière et dans les formes voulues par le présent règlement, les déclarations d'expédition pour le dehors et pour l'intérieur.

Les industriels qui profitent de la faculté d'entrepôt pour les combustibles et les matières premières en vertu de l'article 33 du Règlement devront, s'ils n'ont pas obtenu l'abonnement, faire la déclaration des quantités de combustibles ou de matières premières qu'ils sont dans l'intention d'employer à cet usage.

Article xxxviii

La qualité de détaillant exclut la faculté d'entreposer, à moins que le détaillant ne fasse la vente en gros dans un magasin particulier qui n'ait aucune communication avec celui de vente en détail.

Article xxxix

Toute expédition d'objets entreposés ne pourra avoir lieu qu'aux heures indiquées par l'article trois du présent règlement, et devra avant l'enlèvement des dits objets, être déclarée au bureau de l'octroi. Les droits seront acquittés sur-le-champ pour les objets destinés à la consommation locale. Quant aux objets expédiés pour l'extérieur, ils seront représentés aux préposés de l'octroi, lesquels, après vérification des quantités et espèces, délivreront un certificat de sortie.

Article xl

Les préposés de l'octroi tiennent un compte d'entrée et de sortie des marchandises entreposées ; à cet effet, ils peuvent faire à domicile, dans les magasins, chantiers, caves, celliers des entrepositaires, toutes les vérifications nécessaires pour reconnaître les objets entreposés, constater les quantités restantes, et établir le décompte des droits dus sur celles pour lesquelles il n'est pas présenté de certificat de sortie. Ces droits doivent être acquittés immédiatement par les entrepositaires, et, à défaut, il est décerné contre eux des contraintes qui sont exécutoires nonobstant opposition et sans y préjudicier.

Article xli

Tout refus de souffrir les visites, vérifications et exercices des préposés de l'octroi sera constaté par procès-verbal. Les prétextes d'absence seront réputés refus formel. Les préposés après avoir déclaré procès-verbal, pourront requérir l'assistance d'un officier de police, faire ouvrir en sa présence les caves, celliers ou magasins, et procéder aux vérifications prescrites par les articles précédents.

Article xlii

La durée de l'entrepôt est illimitée.

CHAPITRE III

CONTENTIEUX

Article lxiii

Toutes contraventions aux dispositions du présent règlement seront constatées par des procès-verbaux, lesquels seront dressés à la requête du maire, et seront affirmés devant le juge de paix ou son suppléant dans les vingt-quatre heures de leur date, sous peine de nullité. Ils pourront être rédigés par un seul préposé et feront foi en justice jusqu'à inscription de faux.

Article xliv

Ils énonceront la date du jour où ils seront rédigés, la nature de la contravention, et en cas de saisie, la déclaration qui en aura été faite au prévenu ; les noms, qualité et résidence de l'employé verbalisant et de la personne chargée des poursuites ; l'espèce, le poids ou la mesure des objets saisis ; leur évaluation approximative ; la présence de la partie à leur description, ou la sommation qui lui aura été faite d'y assister ; le nom, la qualité et l'acceptation du gardien, le lieu de la rédaction du procès-verbal et l'heure de la clôture.

Article XLV

Dans le cas où le motif de la saisie porterait sur le faux ou l'altération des expéditions, le procès-verbal énoncera le genre de faux, les altérations ou surcharges.

Les dites expéditions, signées et paraphées, resteront annexées au procès-verbal qui contiendra la sommation faite à la partie de les parapher et sa réponse.

Article XLVI

Si le prévenu est présent à la rédaction du procès-verbal, cet acte énoncera qu'il lui en a été donné lecture et copie. En cas d'absence du prévenu, si celui-ci a domicile ou résidence connue dans le lieu de la saisie, le procès-verbal lui sera signifié dans les vingt-quatre heures de la clôture. Dans le cas contraire, le procès-verbal sera affiché, dans le même délai, à la porte de la Mairie.

Article XLVII

La saisie et la confiscation s'étendront aux futailles, caisses, enveloppes, paniers et sacs renfermant les objets en fraude ou en contravention.

Article XLVIII

Les objets saisis seront déposés au bureau le plus voisin. Ils pourront néanmoins, s'il y a lieu, être mis en fourrière.

Article XLIX

Si la partie saisie ne s'est pas présentée dans les dix jours, à l'effet de payer ou consigner l'amende encourue ou si elle n'a pas formé dans le même délai, opposition à la vente, cette vente sera faite par le Receveur, cinq jours après l'apposition à la porte de la mairie et autres lieux accoutumés, d'une affiche signée de lui, et sans aucune autre formalité.

Article L

Néanmoins, si la vente des objets saisis est retardée, l'opposition pourra être formée jusqu'au jour indiqué par la dite vente. L'opposition sera motivée et contiendra assignation à jour fixe devant le tribunal correctionnel, avec élection de domicile dans le lieu où siège le tribunal. Le délai de l'assignation ne pourra excéder trois jours.

Article LI

Dans le cas où les objets saisis seraient sujets à dépérissement, la vente pourra être autorisée, avant l'échéance des délais ci-dessus fixés par une simple ordonnance du juge de paix sur requête.

Article LII

L'action résultant des procès-verbaux en matière d'octroi, et les question qui pourront naître de la défense du prévenu, seront de la compétence exclusive du tribunal correctionnel.

Article LIII

En cas de nullité du procès-verbal, et si la contravention se trouve suffisamment établie par d'autres preuves ou par l'instruction, la confiscation des objets saisis ne sera pas moins encourue.

Article LIV

Le Maire sera autorisé, sauf l'approbation du Préfet, à faire remise, par voie de transaction, de totalité ou de partie des condamnations encourues, même après le jugement rendu.

Article LV

Toutes les fois que la saisie aura été opérée dans l'intérêt commun des droits de l'octroi et des droits imposés au profit du Trésor, le procès-verbal devra être rédigé à la requête du directeur des Contributions indirectes. A cet employé supérieur appartiendra aussi dans ce cas, le droit d'intenter des poursuites et de transiger d'après les règles propres à son administration.

Article LVI

Le produit des amendes et confiscations pour contraventions au règlement de l'octroi, déduction faite des frais et prélèvements autorisés, sera attribué moitié aux employés de l'octroi, pour être réparti d'après le mode qui sera arrêté, et moitié à la commune.

Article LVII

S'il s'élève une contestation sur l'application du tarif ou sur la quotité du droit réclamé, le porteur ou conducteur sera tenu de consigner, avant tout, le droit exigé entre les mains du Receveur ; faute de quoi, il ne pourra passer outre ni introduire l'objet qui aura donné lieu à la contestation, sauf à lui de se pourvoir devant le juge de paix du canton. Il ne pourra être entendu qu'en représentant la quittance de la dite consignation au juge de paix, lequel prononcera sommairement et sans frais, soit en dernier ressort, lorsque la somme demandée ne s'élèvera pas au-dessus de 100 fr., soit à la charge d'appel pour les autres affaires.

Article LVIII

Les contraintes pour les recouvrements des droits d'octroi seront décernées par le receveur, visées par le Maire et rendues exécutoires par le juge de paix.

Les oppositions aux dites contraintes seront instruites et jugées conformément aux dispositions prescrites par l'article précédent, et la partie opposante sera également tenue de justifier, avant d'être entendue, de la consignation entre les mains du receveur, du montant de la somme contestée.

Article LIX

Toute personne qui s'opposera à l'exercice des fonctions des préposés de l'octroi sera condamnée à une amende de 50 francs, indépendamment de la confiscation des objets saisis, lorsqu'il y aura lieu, et d'une amende de 100 à 200 fr. prononcée pour le cas de fraude.

En cas de voies de fait, il en sera dressé procès-verbal, qui sera envoyé au Procureur de la République pour en poursuivre les auteurs, et leur faire infliger les peines portées par le Code pénal contre ceux qui s'opposent avec violence, à l'exercice des fonctions publiques.

Article LX

Les propriétaires de tous objets compris au tarif sont responsables du fait de leurs facteurs, agents et domestiques, en ce qui concerne les droits, confiscations, amendes et dépens, lorsque la contravention aura été commise dans les fonctions auxquelles ils auront été employés par leurs maîtres, conformément à l'article 1384 du code civil.

Les pères, mères ou tuteurs seront garants des faits de leurs enfants ou pupilles mineurs non émancipés et demeurant chez eux.

Seront également responsables les propriétaires ou principaux locataires relativement à la fraude qui se commettrait dans leurs maisons, clos, jardins et autres lieux par eux personnellement occupés, s'ils sont convaincus de l'avoir favorisée ou d'y avoir participé.

CHAPITRE IV

PERSONNEL

ARTICLE LXI

Quel que soit le mode de perception, toutes personnes dirigeant l'octroi seront tenues de permettre le concours des employés des contributions indirectes dans tous les cas où il doit avoir lieu, de leur laisser faire les vérifications et opérations relatives à leur service et de leur donner communication de tous états, bordereaux et renseignements dont ils auront besoin.

ARTICLE LXII

Les préposés de l'octroi seront tenus sous peine de destitution, d'exiger de tout conducteur d'objets soumis aux Contributions indirectes la représentation des congés, passavants, acquits à caution, lettres de voiture et autres expéditions; de vérifier les chargements; de rapporter procès-verbal des fraudes ou contraventions qu'ils découvriront; de concourir au service des contributions indirectes toutes les fois qu'ils en seront requis, sans toutefois pouvoir être déplacés de leur service ordinaire; enfin de remettre chaque jour à l'employé des Contributions indirectes un relevé des objets soumis aux droits du Trésor qui auront été introduits.

Les employés des contributions indirectes concourront également à la surveillance du service de l'octroi, et rapporteront procès-verbal pour les fraudes et contraventions relatives aux droits d'octroi qu'ils découvriront.

ARTICLE LXIII

Les préposés de l'octroi se serviront, pour constater le volume et le degré des liquides, des instruments dont les employés des contributions indirectes font usage.

ARTICLE LXIV

Les préposés de l'octroi devront toujours être porteurs de leur commission, et seront tenus de la représenter lorsqu'ils en seront requis.

ARTICLE XLV

Le port d'armes est accordé aux préposés de l'octroi dans l'exercice de leurs fonctions. Ceux qui abuseraient de cette faculté seront destitués, sans préjudice des poursuites judiciaires auxquelles ils auront donné lieu.

ARTICLE LXVI

Les préposés de l'octroi ne pourront ni faire le commerce des objets tarifés, ni s'intéresser à ce commerce, soit comme associés, soit comme bailleurs de fonds ou commanditaires.

Tout préposé qui favorisera la fraude, soit en recevant des présents, soit de toute autre manière, sera mis en jugement et condamné aux peines portées par le Code pénal contre les fonctionnaires publics prévaricateurs.

ARTICLE LXVII

Les préposés de l'octroi qui se seraient signalés comme remplissant mal leurs fonctions, ou comme ayant donné lieu à des plaintes graves pourront être suspendus par le Préfet ou même révoqués par lui sur la provocation du Directeur général des Douanes et des Contributions indirectes.

ARTICLE LXVIII

Les préposés de l'octroi sont placés sous la protection de l'autorité publique. Il est défendu de les injurier, maltraiter, et même de les troubler dans l'exercice de leurs fonctions sous les peines de droit. La force armée est tenue de leur prêter secours et assistance toutes les fois qu'elle en sera requise.

DISPOSITIONS GÉNÉRALES

Article LXIX

Tous les registres employés à la perception et au service de l'octroi seront fournis par la Régie des Contributions indirectes ; la dépense lui en sera remboursée par la commune ; les perceptions ou déclarations y seront inscrites sans interruption ni lacune. Les expéditions qui en seront détachées seront marquées du timbre des Contributions indirectes, dont le prix, fixé par la loi, sera acquitté par les redevables, et le montant versé dans les caisses de cette Administration, aux époques et de la manière qu'elle indiquera.

Article LXX

Les registres servant à la perception des droits d'entrée sur les vins, cidres, poirés, hydromels, esprits et liqueurs, aux déclarations de passe-debout, de transit, d'entrepôt et de sortie pour les mêmes boissons ; ceux qui sont employés pour recevoir les déclarations de mise de feu de la part des brasseurs et distillateurs enfin les registres portatifs tenus pour l'exercice des redevables soumis en même temps aux droits d'octroi et à ceux dus au Trésor seront communs aux deux services.

Article LXXI

Dans tous les cas non prévus au présent règlement, on se référera aux lois et règlements en vigueur sur les octrois.

CHAPITRE DE PERCEPTION	OBJETS ASSUJETTIS AUX DROITS	MESURES ET POIDS	DROITS A PERCEVOIR		OBSERVATIONS
BOISSONS ET LIQUIDES	Vins en cercles.	l'hectolitre	0 fr.	55	Pour la perception, la bouteille commune est réputée litre. Cette disposition ne s'applique qu'au vin, au cidre et au poiré.
	Vins en bouteilles	la bouteille	0	20	
	Cidres, poirés et hydromels . . .	l'hectolitre	0	35	
	Alcool pur contenu dans les eaux-de-vie esprits, liqueurs, fruits à l'eau-de-vie, absinthes et autres liquides alcooliques non dénommés.	»	15	»	Les vins présentant une force alcoolique supérieure à 15 degrés, sont passibles du double droit d'entrée et d'octroi, pour la quantité d'alcool comprise entre 15 et 21 degrés.
	Huiles autres que les huiles minérales	les 100 kil.	3	75	Néanmoins les vins qui présenteront naturellement au départ chez le récoltant expéditeur, une force alcoolique supérieure à 15 degrés sans dépasser 18, sont affranchis des droits. (Article 3 de la loi du 2 août 1872).
	Bières.	»	4	»	
	Vinaigres.	»	1	50	
COMESTIBLES	Bœufs et taureaux au-dessus de 100 k.	par tête	8	»	
	Vaches	»	6	»	Les vins présentant une force alcoolique supérieure à 21 degrés seront imposés comme alcool pur. (Article 3 de la loi du 1er septembre 1871·)
	Taureaux et génisses de 75 à 100 k.	»	3	»	
	Veaux au-dessus de 75 k.	»	2	»	
	Moutons et brebis.	»	1	»	Les fourrages verts ne sont pas imposés.
	Porcs	»	2	60	
	Agneaux	»	0	20	Les dégras, l'huile de poisson et le coke fabriqué avec du charbon ayant précédemment acquitté la taxe, sont exempts des droits d'octroi.
	Viande fraîche dépecée.	les 100 kil.	4	»	
	Viande salée ou lard	»	5	»	
	Graisse venant de l'extérieur. . .	»	5	»	
COMBUSTIBLES	Bois de chauffage.	le stère	0	15	Le bois porté à dos d'homme est exempt de tous droits.
	Charbon de bois	les 100 kil.	0	30	
	Charbon de terre	»	0	10	Est exemptée de l'impôt la chaux destinée à l'agriculture.
	Fagots	le 100	0	40	
	Huiles à brûler, essence, schiste, pétrole	les 100 kil.	2	»	
FOURRAGES	Foins	»	0	20	
	Paille de seigle.	»	0	10	
	Pailles de froment et d'avoine . . .	»	0	20	
	Avoines	»	0	50	
MATÉRIAUX	Bois ouvré de charpente. menuiserie .	le stère	1	50	
	Bois de travail équarri ou en grume .	»	1	»	
	Ardoises.	le mille	2	»	
	Tuiles de Monchanin et façons . . .	»	1	50	
	Briques, tuiles plates, courbes, carreaux	»	0	80	
	Plâtre	les 100 kil.	0	10	
	Chaux ordinaires	»	0	10	
	Chaux hydraulique	»	0	10	
	Ciments de toutes espèces.	»	0	25